AF257807

LETTRES

SUR

LE CONGRÈS

D'AIX-LA-CHAPELLE.

2me Lettre.

DE L'IMPRIMERIE DE J.-L. CHANSON,
RUE DES GRANDS-AUGUSTINS, N° 10.

DEUXIÈME LETTRE.

Paris, ce 19 septembre 1818.

Vous n'avez pas trompé mes craintes, en donnant à ma première lettre une publicité dont s'alarmerait mon amour-propre, si vous ne l'aviez prudemment épargné, en supprimant mon nom. J'ai donc plus à me féliciter de cette marque de prudence, qu'à me plaindre de votre indiscrétion; j'avoue même que l'idée de la publicité ne rendra ni ma pensée plus timide, ni mon expression plus apprêtée : il s'agit d'exposer des faits avec la simplicité qui leur convient, et de proclamer des vérités, sans un artifice qui ne leur convient pas.

Je ne me vengerai point d'une indiscrétion par une autre, en imprimant votre réponse. Je me contenterai de répliquer quelquefois à vos objections. Vous semblez, par exemple, prendre trop au sérieux mes hypothèses sur le nombre et la nature des questions qui pourraient occuper le congrès. J'exprimais des doutes; j'indiquais des chances; je signalais des probabilités; mais loin de moi la pensée d'avoir prévu d'avance tous les hasards, toutes les combinaisons; plus loin encore la prétention ridicule d'avoir

3

marqué leur tâche aux hommes d'État que cette assemblée verra réunis. Une pensée principale dominait mes conjectures, et vous l'adoptez avec moi, celle de souhaiter que les souverains, en garde contre les séductions de la diplomatie, ne se laissent point entraîner dans des systèmes ou dans des discussions dont le moindre inconvénient serait de communiquer à l'esprit des peuples cette mobilité qu'on porterait dans leurs destinées : tout semble présager l'accomplissement de nos vœux sur ce point ; on commence à sentir qu'avec tant d'innovations pour la tranquillité des peuples, on n'aurait rien fait pour leur sécurité, et c'est-là le cercle vicieux des révolutions. Ne vous effrayez donc point de mes divagations politiques ; c'est quelquefois le moyen le plus sûr d'en détourner les autres, que de s'y livrer soi-même, avant eux, et nous ferions grand cas des rêves, s'ils prévenaient les événemens.

Une autre réflexion vous a été inspirée par ma première lettre : vous cherchez à vous expliquer le contraste qui se fait remarquer entre le langage des journaux *allemands* et celui des journaux *anglais*. Les uns ne contiennent en effet que des déclarations pacifiques et rassurantes ; les autres admettent plus de doutes, au moins plus de motifs de discussion : les intérêts et les besoins respectifs du Continent et de l'Angleterre, seraient-ils indiqués par cette opposition (1)? L'Europe veut-elle sincèrement la paix, et la Grande-Bretagne pourrait-elle avoir besoin de la guerre? Je ne me permets point de décider cette question délicate. Mais j'observe avec vous, qu'en effet, chaque contrée du Continent, tour à tour théâtre de la guerre, a des plaies intérieures à guérir, et des institutions domestiques à consolider : tandis que l'Angleterre où la guerre n'a jamais pénétré, et dont toutes les institutions sont affermies, n'éprouve que l'embarras de l'emploi d'une armée dont ses lois mêmes ne permettent point l'existence au sein de la patrie ! Je n'ajouterai point que les besoins de son commerce, besoins les plus impérieux d'une nation insulaire, pourraient maîtriser

----

(1) Elle est fort sensible surtout dans le langage des journaux les plus accrédités en Allemagne, à l'occasion de l'article du *Courier*, cité dans ma première lettre. Je vous fais observer que le *Courier* persiste dans ses conjectures. Les feuilles allemandes s'en expriment ainsi :

« Les idées libérales que le prince de Metternich, ce
» ministre si distingué par ses lumières et par son zèle
» pour le bien public, a manifestées ici sur les affaires
» d'Allemagne, ont d'autant plus satisfait et tranquillisé
» les véritables amis de la patrie, qu'ils avaient conçu
» quelques inquiétudes d'après l'article bizarre du *Cou-*
» *rier*, qui s'est permis de publier un plan prétendu des
» conférences d'Aix-la-Chapelle, ainsi que d'après les
» conjectures de M. de Cœln sur la division de l'Allé-
» magne. On assure que les assertions de ce dernier sont
» entièrement improuvées par son gouvernement. »

3.

ses résolutions politiques les plus bienveillantes; il me suffit de constater votre remarque : elle subsiste ; l'avenir seul en fixera la valeur.

La *Quotidienne* qui plaisante quelquefois, a supposé, sur ma première lettre, que votre correspondant était sans doute un des anciens habitués de l'Arbre de Cracovie. Cela me vieillirait un peu ; heureusement la *Quotidienne* n'a pas plus le don de hâter nos années, que de retarder le cours du temps : elle aura beau faire; je n'en suis pas à mon quinzième lustre, et nous ne retournerons pas à son quinzième siècle. Ombrage pour ombrage, je me reposerais encore, je l'avoue, avec plus de délices, sous ce vieux orme autour duquel voltigent les douces illusions, nées du cerveau de l'abbé de St-Pierre, que sous le noir feuillage de l'arbre féodal qu'habitent des hiboux, échappés des donjons de quelques vieux châteaux. Que la *Quotidienne* leur fasse la chouette, tant qu'il lui plaira ; mais qu'elle laisse les vrais Français dormir en paix sous les lauriers !

La libération et l'indépendance de la France doivent être sinon les seuls, au moins les premiers objets de l'attention du congrès. L'évacuation est-elle douteuse ? Quels obstacles pourrait-elle rencontrer ? Quels motifs la rendent inévitable ? A quelles conditions sera-t-elle décidée ? Qu'arriverait-il, si elle n'avait pas lieu ? telles sont les questions qui se présentent d'abord.

« Sire, (disáit un maire au roi de France qui
» traversait sa ville), que Votre Majesté nous
» pardonne de ne pas avoir annoncé son passage
» par le bruit de l'artillerie; nous ne le pou-
» vions pas, par dix-sept raisons ; la première,
» c'est que nous n'avons pas de canons.....
» — Je vous dispense des seize autres, » répondit le Roi.

Vous pourriez sans doute me dispenser aussi
de plus longs argumens , si je commençais par
établir que l'évacuation de la France n'est point
douteuse, par dix-sept raisons, dont la première
serait diamétralement opposée à celle qu'allé-
guait le maire de cette commune. Je sens même
que notre dignité, comme Français, et notre res-
pect pour le caractère des Souverains, et pour
la foi des traités, semblent exclure d'avance
toute discussion hypothétique sur un droit qui
ne peut manquer de devenir un fait. Mais au
milieu de tant de passions intéressées, qui ne
feignent de s'abuser elles-mêmes sur l'évidence,
que pour tromper plus sûrement les autres, il
me paraît aussi utile que piquant d'enlever à
leur mauvaise foi la ressource même du doute,
et de les réduire à croire publiquement, ce dont
elles sont intimément convaincues. Deux coteries tourmentent l'opinion publique, et cherchent à l'égarer sur cette importante matière. Il
ne leur reste plus que quelques jours pour
tromper, en feignant de se tromper. Enlevons-

leur jusqu'au prétexte : nous le pouvons, en n'invoquant que le témoignage des faits, et la logique du bon sens.

Examinez bien les hommes, en écoutant leurs discours, et vous ne remarquerez dans l'expression des craintes ou des doutes qu'ils élèvent, sur la certitude de l'évacuation, que les vues déguisées des deux factions qui se disputent l'opinion et le pouvoir, et dont l'une serait aussi jalouse de saisir un prétexte d'accuser la bonne foi des souverains, que l'autre se montre empressée d'invoquer au secours de ses prétentions aristocratiques, l'appui d'une force étrangère. Toutes deux, il est vrai, parlent de leur amour pour la Patrie ou pour le Roi, et toutes deux forment secrètement, dans l'intérêt de leurs ambitions contraires, le vœu de voir retarder l'émancipation du Trône et de la France, l'une pour opprimer la Nation, au nom de la Royauté, l'autre pour accuser la Royauté, au nom de la Patrie !

Une seule différence se fait remarquer dans l'expression de leurs vœux ; c'est ue l'une semble leur donner la couleur de craintes patriotiques, et que l'autre ne prend pas le soin de dissimuler des espérances toutes nobiliaires, et anti-nationales ! Ainsi, l'on a vu des fonctionnaires dont les opinions exclusives sont autan connues par l'orgueil qu'ils en tirent, que par les actes qu'elles leur dictent, saisir et répandre avec empressement des propos indiscrets d'officiers subalternes qui mettaient en doute l'évacuation du territoire, tandis que des hommes signalés par des opinions bien contraires, avaient imaginé d'effrayer la crédulité des habitans de Mézières, en publiant que les Prussiens pratiquaient des mines sous les fortifications de cette ville, pour les faire sauter, au moment de leur départ. Pour les uns, l'occupation serait un moyen de tyrannie, et pour les autres, un texte d'accusations. Mais leurs vœux seront également trompés. Le Roi régnera par lui-même, et la France obtiendra son indépendance.

Cette double opinion se trouve clairement exprimée dans deux brochures où les craintes et les espérances sont exposées avec toute l'exagération qui leur convient; je veux parler de l'ouvrage intitulé *la Coalition et la France*, que je vous ai fait parvenir il y a un an, et de celui que vous avez reçu plus récemment sous le titre de *Note secrète*. La publication du premier vous causa d'abord une surprise mêlée de quelque orgueil : mais bientôt, mettant de côté l'amour-propre français, pour ne considérer que les vrais intérêts de la France, vous fûtes réduit à ne reconnaître dans cet écrit qu'une éloquente protestation contre des traités, consentis par la nation qui ne pouvait plus chercher de gloire que dans leur exécution religieuse, seule protestation, digne d'elle, seule voie légitime d'appel à

l'avenir! Vous admiriez, avec moi, le courage
d'un officier français, qui osait dénoncer à l'Europe entière les dangers qu'il croyait renfermés
dans le texte d'un traité, fécond en commen-
taires; mais vous paraissiez redouter aussi que
ces terreurs, au moins exagérées, en inspirant
de justes allarmes aux puissances contractantes,
n'apportassent quelques difficultés dans la né-
gociation délicate des intérêts pécuniaires qui s'a-
gitaient, à cette époque, entre la Cour de France
et les Cabinets étrangers. Heureusement il parut
n'en résulter aucun inconvénient, et l'auteur
seul retira personnellement un honneur mérité,
de cette démarche dans laquelle ses sentimens,
comme militaire, l'avaient mieux inspiré que nos
intérêts, comme nation.

Vos observations ne furent que trop bien con-
firmées par l'étrange déclaration de principes de
lord Stanhope qui osa professer, du haut de la
tribune d'Angleterre, cette doctrine désastreuse,
mais réfutée par sa publicité, que les traités n'é-
taient qu'un texte convenu d'interprétations,
selon le besoin, l'occasion, et le gré des commentateurs, c'est-à-dire des plus forts, car ce
n'est qu'avec tous les moyens de faire la guerre,
qu'on est habile à commenter la paix. On s'ef-
farouchait d'autant plus de cette déclaration,
que certains journaux donnaient à croire que
lord Stanhope, comptait ses plus intimes amis,
parmi les honorables membres du ministère

anglais, ce qui faisait soupçonner assez naturellement que ses insinuations n'étaient pas
sans valeur : mais on dut être pleinement
rassuré par le langage des journaux anglais
sur cette démarche d'un lord qu'ils représen-
tèrent comme n'appartenant à aucune coterie,
et comme toujours isolé d'opinion, au mi-
-lieu de ses nobles amis parmi lesquels on cite
lord Castlereagh. Ainsi, l'on ne dut pas plus
considérer l'opinion de lord Stanhope, comme
celle du ministère anglais, qu'il n'était permis
de regarder les craintes de M. Salvandi, comme
partagées par tous les Français. On se rassura
donc, de part et d'autre, et le Congrès, n'en
doutons point, justifiera cette confiance mu-
tuelle.

J'éprouve, je l'avoue, plus d'embarras à ra-
mener votre attention sur l'existence de la *Note
secrète*, et sur la honte de cette démarche, inju-
rieuse pour les souverains eux-mêmes auxquels
elle s'adresse. Il n'est plus permis de douter
qu'elle soit l'ouvrage des agents principaux
d'un parti qui frémit de voir abandonnée au
développement de ses institutions nationales,
une patrie désertée par eux tant qu'ils n'y
virent que des Français. La France et la
Couronne, outragées à la fois, par cette lâche
tentative, n'en ont fait justice que par le
mépris, et les étrangers eux-mêmes se sont
associés à l'indignation nationale. C'était donc

de ce traité dont la France entière supportait les rigueurs, par le sentiment même de leur excès qui ne permettait pas d'en craindre de plus graves, c'était du contrat qui mettait notre asservissement à bail, et notre rançon à si haut prix, que des français, (qui désormais ont perdu tout droit à ce beau nom), tentaient de faire sortir de nouvelles calamités! Ces commentateurs redoutables des clauses de notre servitude, nous les trouvions parmi nous, au dessus de nous et dans de hautes fonctions. Enfin c'est dans les conditions mêmes d'une paix désastreuse, qu'ils cherchaient les prétextes et des moyens de notre ruine entière! Examinons leur marche.

L'évacuation du territoire français par les troupes étrangères, est garantie par l'article 5 du traité sous une double condition, l'acquittement intégral des tributs imposés et consentis par les conventions de 1815, et la pacification intérieure du royaume.

Sous ce double rapport, le 20 novembre expiait le 20 mars! Au moins cette expiation du passé était-elle à la fois un sacrifice fructueux pour l'avenir, puisqu'on exigeait la paix domestique pour gage de la paix étrangère, et que la sécurité de l'Europe réclamait comme garantie la prospérité de la France!

Les français ne désespérèrent pas d'eux-mêmes, plus que ne semblaient en désespérer les peuples et les souverains étrangers. On exigeait beaucoup du dévouement national; on n'attendait pas moins de la sagesse du monarque, puisqu'on nous imposait, d'une part, d'énormes tributs, et que de l'autre, on demandait au Roi d'étouffer les partis animés encore par une lutte récente.

Le Roi et son peuple n'ont point manqué l'un à l'autre (1). Les tributs sont payés, la France est tranquille; le dévouement des sujets répond aux vertus du monarque. Les deux conditions de notre indépendance sont remplies, et notre Roi redemande son royaume, comme son peuple avait redemandé son Prince.

De ces deux conditions, l'une, toute positive, l'acquittement des tributs, ne pouvait être révoquée en doute. C'est un point de fait, et les partisans de l'occupation étrangère n'auraient rien à dire contre l'éloquent silence du vote des vingt-quatre millions, par la Chambre des députés, ce silence entendu de l'Europe entière !

L'autre condition, toute morale, toute politique, moins matérielle, je veux dire la pacification intérieure du royaume, présente plus

---

(1) « Roi d'un autre pays, j'aurais pu perdre l'espérance; mais le Roi de France ne désespère jamais avec des Français! »

Elles sont accomplies ces paroles mémorables, et le trône et la nation en attendent le prix.

de prétextes à la mauvaise foi de leurs protestations. Aussi prennent-ils simplement le parti de la nier : qu'ai-je dit ? ils font mieux ; ils prouveraient au besoin que la France est troublée, en la troublant eux-mêmes. Les dupes leur manquent aujourd'hui, j'en conviens ; Grenoble, Bordeaux et Lyon se sont lassées d'en fournir : mais les argumens leur restent, et plutôt que de les abjurer, ils démontreront s'il le faut, par leur propre conduite, qu'il existe encore en France, des ennemis de l'ordre public, de la patrie et du Roi, en un mot, des révolutionnaires !

Tel est le système de leur opposition. Les *Notes secrètes* sont en pareil cas un excellent moyen. Les *conspirations* factices n'y aident pas mal : aussi les unes suivent les autres qui les les ont préparées. On dénonce de Paris ce qu'on fait en Bretagne, ou ce qu'on essaie à Nismes. On ne manque pas de publier qu'un officier s'est assassiné lui-même, parce qu'en sachant fort bien qu'il ne lui est plus permis de se battre en duel, il a oublié de prévoir qu'on ne lui permettrait même pas d'être victime d'un assassinat. On agite en s'agitant ; et puis, on invoque les souverains étrangers, contre cette France habitée par des révolutionnaires. Oui, sans doute, car vous l'êtes à votre manière, leur répondra-t-on : mais combien êtes-vous, et combien d'années avez-vous à compter encore ?

Je vous ai successivement adressé, mon cher ami, toutes les réfutations que cet étrange écrit a fait naître. Vous n'y avez pas trouvé un argument qui ne soit dans le cœur de tout vrai Français. Mais il est curieux de voir comment les étrangers s'en expriment eux-mêmes. Le *Courier* (journal ministériel anglais), a pris soin de le réfuter longuement, et termine par ces réflexions un morceau plein de force et de logique :

Courier de Londres , 14 août.

« La fin du Mémoire secret, que nous donnons au-
» jourd'hui, lève tous nos doutes sur son principal objet,
» quelque obscur que puisse être ce document, relative-
» ment à quelques points d'un moindre intérêt. Les au-
» teurs de ce mémoire affirment à l'univers, d'un ton
» d'importance sans exemple, qu'ils sont seuls capables
» de gouverner la France. Peut-être devrions-nous sup-
» primer l'expression *sans exemple*, car nous ne sommes
» certainement pas sans être témoins, dans notre pays,
» de semblables explosions d'égoïsme de la part de ce
» parti qui est depuis si long-temps, et si heureusement
» pour l'Europe, exclu du gouvernement. Le Mémoire
» en question n'est en réalité que l'effusion bilieuse
» d'hommes qui s'agitent pour expulser des places lucra-
» tives et des honneurs, leurs compétiteurs plus heureux.
» Mais, au lieu de suivre leur but dans l'esprit de ce gou-
» vernement représentatif dont ils parlent tant, ils ont
» adopté une marche qui insulte à-la-fois le trône, viole
» la loi et compromet la sûreté de l'État. Les principes
» qu'ils posent pour justifier cette démarche, sont aussi
» absurdes que la mesure elle-même est pernicieuse.
» Les alliés, disent-ils, ont autant le droit de prescrire
» au Roi de France le choix de ses ministres, qu'ils l'ont
» eu, en 1814, de placer le Roi lui-même sur le trône.

» Il suit en conséquence de la doctrine de cette secte,
» que les alliés peuvent de fait gouverner la France, au
» lieu de mettre les Bourbons en état de le faire ; que
» Louis XVIII n'est que leur vice-roi, et doit exercer ses
» fonctions sous leur direction. Si ce Monarque, si la
» France étaient réellement dans cet état de dégradation,
» que devons-nous penser d'hommes qui avouent publi-
» quement le désir de perpétuer un semblable esclavage ?
» Si l'on souffre en outre qu'ils portent leurs plaintes au
» pied des trônes étrangers, qui empêcherait d'autres
» d'en faire autant, jusqu'à ce qu'enfin on vît le spectacle
» monstrueux des factions aux prises, sollicitant l'inter-
» vention d'États voisins pour ajuster leurs querelles.
» Supposons que les *Ultras* fussent investis de la puis-
» sance ministérielle, les ministres actuels et leurs amis
» ne pourraient-ils pas croire le système de leurs rem-
» plaçans dangereux pour la France ; et, pensant, ou
» affectant de penser ainsi, ne pourraient-ils pas adresser
» aux cours de Londres, de Pétersbourg, de Vienne et
» de Berlin, une circulaire à l'effet d'implorer leur assis-
» tance pour expulser ceux qui auraient eu de bonnes
» places ? A quoi pourrait, dans le fait, conduire une telle
» pratique, si ce n'est à une révolution intérieure ou au
» joug de l'étranger ? Nous ferons en outre observer que
» bien que ces *Ultras* parlent si ouvertement de convul-
» sions sur le point d'éclater en France, ils ne veulent
» pas condescendre jusqu'à citer un seul fait qui puisse
» servir de preuve à cette supposition. Au lieu de cela,
» on se contente d'exiger que nous croyions que la France
» ne peut être heureuse ou en sûreté que sous leur pro-
» tection. Lorsqu'on tentera de prouver cette assertion,
» il sera assez temps de discuter cet objet plus en détail. »

Ce que le *Courier* met en hypothèse, d'autres
avaient eu soin de le mettre en fait dès long-
temps. Les factions procèdent par les mêmes voies

et de la mêmê manière, et les journaux révolutionnaires de Belgique, à la rédaction desquels
président quelques mécontens qui ont volon-
tairement renoncé à la patrie que leur en-
viaient des tartares, ces journaux, dis-je, ne se
sont pas réservé le droit d'accuser la coupable
démarche des auteurs de la *Note secrète*, puisque
la gazette d'*Arau*, du 2 juin 1817, nous révèle
une semblable tentative, de la part de leurs ré-
dacteurs, un appel à l'intervention de l'étranger
dans les affaires de France. Je ne rappelle cette
démarche alors méprisée par l'auguste empereur
près duquel on osa la faire, que pour annoncer
à ceux qui se sont permis de la renouveler,
quels succès les attend, et pour faire juger surtout combien est uniforme la marche des passions et des partis, quelque couleur qui les
couvre d'ailleurs. Ce n'est pas le seul point de
comparaison entre les réfugiés d'aujourd'hui et
les émigrés d'autrefois : mais il est triste de re-
trouver entr'eux cette fâcheuse ressemblance !

Si vous me demandez enfin une réponse ca-
thégorique aux cinq questions que je me suis
proposées :

1°. L'évacuation est-elle douteuse ? Non, vous
répondrai-je.

2°. Quels obstacles pourrait-elle rencontrer ?
Les *Notes secrètes* ? mais vous venez de voir
quel cas on en a fait. C'est de la part de l'Angleterre qu'on avait cru prévoir quelque oppo-

sition, disait-on, et les journaux anglais sont plus positifs sur ce point que ceux d'Allemagne. Les Anglais annoncent qu'il n'y en aura que de la part de la Prusse; ce qui n'est pas présumable, cet échange d'accusations est rassurant pour nous, puisque c'est en même temps un consentement respectif.

3°. A quelles conditions l'évacuation sera-t-elle décidée ? Je ne puis en prévoir d'autres que celle énoncée dans le traité d'occupation, c'est-à-dire notre libération pécuniaire. Vous n'avez pas accueilli, plus que moi, des nouvelles ridicules, propagées par des méchans ou par des fous. On parlait de prétentions des Autrichiens sur la Franche-Comté et sur l'Alsace, des Prussiens sur la Lorraine, des Belges sur la Flandre, des Anglais sur la Bretagne; comme si ces provinces existaient encore, parce qu'on en rappelle le nom ! Il n'y a plus ni Bretagne, ni Alsace, ni Lorraine, ni Franche-Comté; il n'y a qu'une France, intégre dans son territoire, comme les Français sont unanimes dans leur patriotisme. Qui toucherait un pouce de terrain ébranlerait le sol entier. Ces nouvelles avaient produit d'abord quelque impression; et les hommes éclairés, en parvenant à détruire l'effet de suppositions aussi absurdes, retrouvaient avec joie les sentimens si véritablement français qui animent les habitans des campagnes, et qui font la force réelle d'une nation. Il est pénible, écrivait un riche propriétaire du Pas-de-Calais,

de reconnaître que la source de pareilles nouvelles se trouve toujours dans les rangs où la
manifestation du plus pur enthousiasme pour
la cause royale, devrait naturellement s'unir à
un plus grand amour de la patrie !

4°. Quels motifs rendent l'évacuation inévitable ? Je ne rappellerai point les explications
presque positives données à la tribune, par S.
Exc. M. le duc de Richelieu ; le vote condition-
nel, quoique silencieux, des vingt-quatre millions
de rente ; les vœux énergiques exprimés par les
rapporteurs du budget dans la session de 1817 ;
les témoignages rendus par les cabinets étrangers, dans leur note du 10 février 1817, aux
heureux effets du système de gouvernement du
Roi ; le retrait d'un cinquième de l'armée d'occupation, effectué l'année dernière, et qui n'a pas
été renouvelé en 1818 ; toutes ces hautes considérations politiques, trop bien appréciées par les
souverains, pour risquer d'être méconnues par
les ministres.

Les cabinets étrangers sont diplomatiquement
conduits par les termes des traités, à décider
l'évacuation de notre sol, tant à cause de l'argent
payé, qu'en raison de l'argent emprunté ou ins-
crit, pour consommer les liquidations qu'ils ont
imposées ; et nationalement, la France est en
droit, et par conséquent en mesure de réclа-
mer ce bénéfice des capitulations de 1815. Mais
sans m'égarer dans cette démonstration réservée

à la diplomatie, je ne m'arrête qu'aux indications positives, et de détail : elles rendront évidente pour vous la décision de notre indépendance, qui, je vous le répète, n'est plus mise en-doute, avant même d'être mise en question !

Une série de faits dont le rapprochement et la comparaison indiquent suffisamment une détermination unanime, se présente sous ma plume, et frappera sans doute votre esprit par son ensemble. Je les indiquerai sommairement, en vous laissant le soin de conclure. — Depuis six mois, la France a été traversée dans différentes directions, par d'augustes voyageurs, membres des familles régnantes de Russie, de Prusse et d'Angleterre, qui ont pu acquérir par eux-mêmes une connaissance certaine de l'état prospère du royaume, et des sentimens qui animent la nation pour son Roi. Nous avons vu se succéder à peu de distance, L. L. A. A. les grands ducs Michel et Nicolas, les ducs de Kent et de Glocester, le duc de Saxe Cobourg, le prince Don François de Paule, le prince Paul de Vurtemberg, et plus récemment le prince Auguste de Prusse qui s'est rendu de France à Aix-la-Chapelle d'où il doit retourner à Berlin, après avoir vu les souverains, à leur arrivée dans cette première ville. — On raconte qu'une dame très-distinguée de la Cour de St-Pétersbourg, dont le fils unique est officier dans le contingent russe de l'armée d'occupation, ayant demandé récem-

ment pour lui à l'empereur, un congé de quelques mois, Sa Majesté répondit qu'elle accorde-
rait sa demande dans toute autre circonstance,
mais que le corps d'armée devant quitter pro-
chainement les frontières de France, ce congé
n'offrait à son fils que peu d'avance sur son retour.
Toute délivrance de congé est pareillement sus-
pendue parmi les troupes prussiennes. — M.
Alexandre Baring, qui, comme on le sait, a pris une
part importante aux arrangemens de finance qui
ont assuré la libération pécuniaire de la France,
a été honoré d'une invitation, de la part des
puissances alliées, de se rendre au congrès. —
M. de Nesselrode, l'un des premiers hommes
d'État de l'Europe, avouait dès 1815, que le séjour des Russes en France, détruisait la disci-
pline et perdait l'esprit de ces troupes. — Le départ des troupes anglaises dans les premiers
jours de juin, de leurs cantonnemens du Pas-
de-Calais, pour les camps de St-Omer et de
Cambray, a répandu d'autant plus de satisfaction dans ces campagnes que ces détachemens
emmenaient avec eux des équipages qu'ils y
avaient laissés, les deux années précédentes :
des officiers supérieurs firent, dès cette époque,
leurs derniers adieux, aux habitans et aux autorités du pays. Les officiers de l'armée prus-
sienne déclarent eux-mêmes qu'ils ont fait tous
leurs arrangemens pour un départ prochain.—
Au mois de juin, les agens des vivres reçurent

la défense de faire des approvisionnemens pour plus de quatre mois. — Dès la fin de juillet, le colonel français d'artillerie Capelle, et le chef de bataillon du génie Maurin, désignés par S. E. le ministre de la guerre, conjointement avec le colonel de l'artillerie anglaise Frazer, nommé par S. G. M. le duc de Wellington, pour aller reconnaître l'état des places de guerre, de l'artillerie et des magasins, livrés à l'armée d'occupation, et qui doivent être remis à la France, ont commencé leurs opérations. On ajoute que le rapport de ces officiers ayant établi que les places de Sédan et de Mézières étaient, par suite de travaux faits par les Prussiens, dans un meilleur état qu'à l'époque de leur remise, le général Zieten a refusé le remboursement d'une somme de 25,000 francs, employée à ces travaux d'une utilité reconnue. — A Thionville, un colonel d'artillerie et un chef de bataillon du génie français, sont réunis en ce moment avec un colonel et un capitaine du génie anglais en qualité de commissaires, pour la vérification et les procès-verbaux des arsenaux et du matériel de cette place. Cette opération est faite à Longwy et se continuera dans tous les lieux occupés par les troupes alliées. Cette mesure préparatoire a pour but de prévenir toutes difficultés, afin qu'à l'époque de l'évacuation, elle n'éprouve aucun retard. — Au commencement d'août, le gouvernement Bavarois a mandé à M. le général baron De La

Motte qui se trouvait aux eaux de Baden , de se rendre à Paris pour remercier le roi de France des bontés que S. M. avait eues pour l'armée bavaroise, pendant son séjour en France. — A Sédan , les gros équipages, à la suite du corps prussien, ont eu l'ordre de rétrograder sur le Rhin, — A Cambrai, les officiers de la garde royale anglaise cherchent à se défaire de leurs chevaux ; et tout annonce dans les cantonnemens des préparatifs de départ. — On mande de Valenciennes que le plus beau temps a favorisé la grande revue des troupes anglaises, danoises, saxonnes et hanovriennes qui a eu lieu dans la plaine de Denain, située entre cette ville et Bouchain. Les troupes vont reprendre leurs cantonnemens et y attendre la décision des monarques alliés réunis à Aix-la-Chapelle, qui décideront si l'armée d'occupation sera retirée. En attendant on croit pouvoir assurer que cette décision sera favorable, et qu'avant deux mois les étrangers auront quitté le territoire français. —La revue de l'armée autrichienne avait précédé celle-ci ; et l'état-major de cette partie de l'armée d'occupation la considérait aussi comme une revue de départ. — Le prince Auguste de Prusse a reçu pendant son séjour à Mézières, de la part de M. le lieutenant-général comte de Zieten, commandant en chef le corps d'armée prussien, la nouvelle que la revue générale, et sans doute définitive, par LL. MM. l'empereur Alexandre et le roi de Prusse aurait lieu du 5 au 15 octobre, dans la plaine qui s'étend entre Donchery et Mézières. — L'esprit constitutionnel de la nation anglaise s'effarouche de la permanence de corps d'armée si voisins de la Grande-Bretagne, et de l'influence acquise par les grands services militaires. Des armées dans les Indes ou au Canada portent moins d'ombrage à John Bull. Les troupes de cette nation doivent, si l'on en croit les uns, se fixer en Belgique; selon d'autres, mieux informés, elles s'embarqueront à Calais, et le licenciement des régimens aura lieu dès leur arrivée en Angleterre. — Des officiers supérieurs, en adressant aux autorités françaises, à l'époque du renouvellement de l'année, leurs félicitations et leurs vœux, ont laissé entrevoir qu'ils s'acquittaient, pour la dernière fois, de cette politesse. — On écrit d'Aix-la-Chapelle, sous la date du 10 de ce mois, que les employés près les corps d'armée qu'on avait provisoirement retenus sur les bords du Rhin, viennent de recevoir l'ordre de continuer leur route pour retourner dans leur patrie, et que les commissariats des guerres sont supprimés à compter du 15 septembre. Des commissaires pour la direction des troupes sont établis déjà sur la ligne de Bruxelles, Maëstricht, Soestern, Ruremonde, Venloo, Xanten et Wesel.

5°. Qu'arriverait-il enfin, si l'évacuation n'avait pas lieu? voilà votre dernière question.

Permettez qu'elle reste sans réponse. Ce n'est pas un français qui se charge de la faire, à lui seul.

L'orgueil national, il faut en convenir, souffre davantage, après trois ans, de la présence des troupes étrangères, dont l'arrivée et le séjour n'étaient, dans le premier moment, que trop justifiés pour les consciences les moins bienveillantes. Mais si l'on était forcé de reconnaître que le besoin de réprimer et de prévenir rendait alors nécessaire cet appui qui ne devenait inutile qu'autant qu'il était disponible, les consciences rassurées aujourd'hui par trois années de repentir, d'épreuves et de tranquillité, ne deviennent plus sensibles qu'au sentiment patriotique qui refuse comme superflu et qui repousse comme onéreux des secours étrangers, auxquels n'aura jamais besoin de recourir un gouvernement devenu national.

La Royauté et la France n'ont plus besoin de garanties l'une contre l'autre. Elles s'appartiennent; elles se sont confondues par des concessions mutuelles : mais aussi ne laisseraient-elles aucun autre pouvoir conserver contre leur indépendance respective un gage déguisé sous le nom d'alliance. La garantie de la France contre l'aristocratie et celle du Roi contre les factions, c'est la Charte : la garantie de l'Europe contre la France, c'est son Roi; celle du Roi contre l'Europe, c'est désormais son Peuple.

L'étude et le talent des fonctionnaires, vraiment dévoués, et qu'un hasard, non moins dangereux qu'honorable, mettait en relation habituelle avec les chefs des troupes étrangères, ont dû être de leur donner une idée plus juste de la situation intérieure de la France, et du système de son gouvernement, qu'ils ne pouvaient la puiser dans la lecture des pamphlets. Ceux-ci ne sont en effet que l'expression des vœux contraires des factions et des coteries. Une nation ne fait point de brochures. Aussi n'est-ce point là qu'il faut chercher ce qu'elle est, ce qu'elle veut, ce qu'elle approuve. Les ministres étrangers ont été témoins par eux-mêmes, le jour de la fête de St-Louis, de l'amour des Parisiens pour leur Roi; c'est celui de tous les Français. J'aime à croire qu'aucun fonctionnaire n'a trahi, dans cette position délicate, le devoir que lui dictait sa mission et son patriotisme. Les auteurs de la *Note secrète* n'auront point trouvé d'échos parmi les agens du gouvernement du Roi, qui comprennent assez quelle responsabilité morale pèserait sur la tête d'hommes assez aveugles ou perfides pour employer contre la France le mandat qu'ils auraient reçu de son gouvernement. Il en est tant qui se sont honorés par une courageuse fermeté, dans le rôle difficile de magistrats français au milieu des camps étrangers! Je ne citerai point leurs noms, dans la crainte d'en omettre quelqu'un; mais la reconnaisance de leurs administrés saura bien y suppléer. Ici,

l'on avait à tenir la balance égale entre les prétentions exagérées du soldat, et la mauvaise
humeur du paysan : là, c'était un commandant
ombrageux dont il fallait calmer les craintes;
ailleurs, il s'agissait de prévenir jusqu'aux séductions des bons traitemens et de la bonne
harmonie entre des peuples qui parlaient la
même langue; partout enfin, renaissait à chaque instant le besoin d'éclairer des personnages
trompés sur le véritable esprit national des
Français, et le système du gouvernement du
Roi, tous deux justifiés par les résultats de trois
ans. Honneur donc aux fonctionnaires fidèles
qui ont rempli avec constance cette tâche sou-
vent pénible et délicate! Ils n'auront pas com-
battu, sans doute, avec moins de succès, les
craintes qu'on cherchait à faire concevoir sur la
manifestation de l'opinion nationale, au moment
du départ des troupes étrangères. Une joie patriotique, mais modeste dans son expression,
convient seule à nos concitoyens des frontières
pour qui ce bienfait sera plus sensible; ils gar-
deront jusqu'au dernier moment la dignité de
leur malheur : c'est à ce prix, qu'ils auront bien
mérité de la France et du Roi! et si quelques
libellistes étrangers, soigneux de semer les dé-
fiances pour provoquer d'injurieuses précau-
tions, ont osé prédire des vêpres alsaciennes,
champenoises, lorraines et flamandes; le caractère français, qui reçoit de la religieuse obser-

vation des traités un éclat impérissable, sera fidèle à sa générosité : après avoir conquis tous les genres de gloire, il nous restait à connaître, et nous saurons obtenir la gloire de l'adversité! En vain croit-on devoir réclamer, dans ces derniers momens, une surveillance plus active de la part des autorités françaises. Il n'en est pas besoin : les troupes étrangères se retireront, sans danger, j'ose dire plus, sans reproches ; elles quitteront paisiblement la France, sous la garde des traités et de l'honneur français, et sous la garantie de trois années d'une courageuse patience. Les soldats étrangers eux-mêmes ne voudront laisser que de paisibles adieux au peuple hospitalier chez lequel ils ont été conduits par la paix plus que par la victoire. Ils ont vu notre beau ciel; ils ont goûté nos fruits délicieux; ils ont admiré la politesse de nos mœurs, l'économie de nos lois, la sagesse de notre gouvernement : chacun d'eux rapportera dans sa patrie les doux souvenirs de la France; ce beau nom, ce bon peuple, cette terre opulente, ce climat fortuné, souriront sans cesse à leur mémoire; l'hospitalité nous aura rendu l'avantage un moment ravi par les armes, et ceux qui vinrent ennemis des Français, partiront alliés de la France!

Il est même à remarquer qu'il y a de part et d'autre plus de liant, moins d'exigeance et plus de résignation : on sent le besoin de se quitter à l'amiable. Le regret des uns pour la France adoucit leurs sentimens pour son peuple. La joie des autres à l'occasion du départ des étrangers calme leur impatience d'un séjour de trois ans. On en est presque à se regretter. Cette politesse est-elle de la politique? On le soupçonnait de la part des Autrichiens; les Anglais pensent bien qu'elle leur serait toujours inutile; les Russes n'en ont pas besoin; elle étonne agréablement de la part des Prussiens. N'y voyons rien autre chose que l'heureuse influence de notre soleil, de nos mœurs et de notre gouvernement. L'espoir de ce départ prochain, celui d'une bonne récolte, surtout en vin, semblent disposer les esprits à une bienveillance plus grande, et le bonheur qu'elle entrevoit est déjà goûté par cette généreuse population. Forte de sa bonne conduite et de son courage, elle espère la faire peser dans la balance des considérations qui détermineront l'assentiment des souverains. Un homme d'esprit ajoute que la grande quantité de vin qu'on récoltera, et qui en mettra le prix à la portée de tout le monde, fait d'autant plus désirer que les étrangers aient évacué après les vendanges.

Voilà sans doute une lettre bien longue, mon cher ami: mais un français qui parle de l'indépendance de sa patrie, est un amant qui parle du bonheur de posséder sa maîtresse. A force de répéter qu'on ne peut éviter un événement

vendredi au samedi 19. On ajoute aux noms des personnes qui auront l'honneur de l'accompagner, celui de M. d'Agout, premier secrétaire de l'ambassade française près la cour de Madrid. Cette circonstance confirme l'opinion généralement répandue, qu'on traitera dans le congrès, les affaires d'Espagne, quoique plusieurs gazettes aient avancé que les hautes puissances déclinaient la médiation demandée. — M. Baring, banquier titulaire de l'emprunt fait par la France, pour sa libération, se rend au congrès, où le précède M. le baron Mounier, qui vient de déployer, dans la présidence de la commission des liquidations étrangères, le caractère le plus noble, et le plus rare talent, celui d'avoir raison sans être le plus fort. On annonce que Sa Majesté a daigné donner à M. Mounier, des témoignages particuliers de sa haute satisfaction; l'estime publique doit aussi son hommage au digne français, chargé de traiter la rançon de sa patrie, et devant qui l'on n'eût pas impunément proféré le *vœ victis*. — Le même jour où les gazettes nous annonçaient officiellement l'envoi à Aix-la-Chapelle de l'argenterie et du linge nécessaires à l'ambassade française, la chronique secrète nous informait que Mme la baronne de Vitrolles ayant jugé sa présence indispensable dans cette grande réunion, venait de diriger sur cette ville une malle remplie de robes magnifiques, et de diamans des plus beaux. Sans doute la femme de chambre de confiance n'a pas oublié quelques exemplaires de la *Note secrète*, reliés en maroquin. On donne pour motifs du voyage de Mme de Vitrolles, des réclamations qu'elle se croit en droit d'élever sur la principauté de Salm. Ajoutez donc cette importante question à celles que je vous ai déjà désignées. Il est douteux encore si l'on s'occupera de l'indépendance de l'Amérique ; mais il ne peut pas l'être qu'on fasse droit aux réclamations de Mme la baronne de Vitrolles. — C'est une dame aussi qui a pris soin de jeter l'alarme parmi les anglais, en faisant insérer dans le *Morning Post*, un avis à tous les voyageurs de cette nation, de quitter la France avant l'évacuation, pour n'être pas exposés aux réactions nationales qui suivront cet événement. Cet avis, rédigé dans le style révolutionnaire du *New-Times*, a été, nous dit le journaliste, communiqué au gouvernement anglais, qui n'a pu donner aucune garantie contre sa valeur. Vous ne serez pas plus dupe que moi, d'une semblable mystification, et cette lettre officieuse ne vous paraîtra sans doute qu'un *Post scriptum* de la *Note secrète*. — Le nombre des étrangers nouvellement arrivés à Aix-la-Chapelle était au 3o juillet, de 1491 : le mois d'août n'aura pas été moins heureux ; celui de septembre sera plus riche encore, de sorte qu'on peut prévoir que cette ville comptera dans ses murs, à l'époque de l'ouverture du congrès, trois à quatre mille diplomates en service extraordinaire. Ce serait beaucoup plus qu'il n'en faut pour embrouiller les affaires des quatre parties du monde ; heureusement tous ceux qui se croient *appellés* ne seront pas *élus*. Les opinions continuent de varier beaucoup sur la durée probable du congrès. La plupart des hôtels ont été loués pour trois mois, avec convention d'une somme propor tionnelle, dans le cas d'un plus long séjour; quelques-uns ont été loués pour deux termes. — L'électeur de Hesse a donné l'ordre de faire meubler somptueusement le château de Hanau et Wilhemsbad, et d'y préparer tout pour la réception des souverains. M. de Carlshausen-Buderus a reçu carte blanche pour toutes les dépenses qu'il jugera convenable de faire dans cette circonstance. On croit remarquer dans cet empressement de l'électeur, une reconnaissance un peu prématurée de l'approbation qu'il espère obtenir des monarques alliés, sur sa conduite à l'égard des acquéreurs de domaines sous le dernier gouvernement de fait : mais les bons esprits d'Allemagne qui n'ont jamais mis en doute la loyauté des déclarations faites à plusieurs reprises, par les hautes puissances, sur la garantie de toute transaction semblable, ne doutent pas que l'Electeur de Hesse ne paraisse aux souverains, plus poli dans ses démonstrations, et plus magnifique dans l'ameublement de ses châteaux, que prudent et juste dans sa politique intérieure. Le fils de S. A. S. se rend en personne au congrès. — Comme la France règne encore, au moins par ses arts, par sa langue et par ses modes, sur toutes les nations de l'Europe, il vient de se former subitement à Aix-la-Chapelle une maison, *à la Parisienne*, où les diplomates réunis dans cette ville, de tous les points du continent, trouveront sans sortir du logis, cuisiniers français, salons français, concerts français etc., etc., etc. Puissent ces innocentes séductions, rendre cher à ceux qui en goûteront les délices, le peuple qui fait encore le charme de l'Europe dont il fit l'admiration!

Mme Récamier est appellée à jouer dans cette ville, un rôle marquant, pendant un mois, celui d'offrir aux souverains un point de réunion pour prendre le thé. Aix-la-Chapelle manquait de ressources en tout genre. Aussi tout y abonde du dehors, et l'on s'aperçoit à Paris, de la hausse subite du prix des vins fins de première qualité. — Les journaux français ont envoyé leurs diplomates, chargés de recueillir et de transmettre à leurs commettans les nouvelles les plus fraîches sur le passage de la voiture d'un souverain par telle rue, et sur la visite rendue par tel ambassadeur à tel autre. Car ont-ils espéré, de bonne foi, en apprendre davantage sur les conférences secrètes; et, dans le cas où ils y parviendraient, ont-ils pensé pouvoir publier dans les gazettes les confidences qu'ils auraient obtenues? Nous pourrions donc regretter qu'ils se fussent donné la peine de se déplacer, s'il n'était convenu que les plus petites puissances doivent avoir leurs députés au congrès; et, certes, notre littérature actuelle ne figure pas mal dans les derniers rangs des puissances de ce monde. Elle pourrait même compter parmi les puissances barbaresques. — Les ultrà-libéraux d'Allemagne s'accordent par excès de patriotisme avec les ultrà-royalistes de France, animés d'un sentiment contraire, pour se plaindre de l'évacuation de la France. Le professeur Jahn a publié, sur cette matière, une note violente. Mais ce parti a perdu son influence avec son chef, relégué prudemment en Suisse. Au moins les libéraux allemands ont-ils une excuse qui manque à nos exclusifs : seulement, ils oublient de reconnaître que c'est trahir la liberté, de ne l'aimer que pour soi ; car c'est à peu près là toute la doctrine du despotisme. L'amour de la liberté doit être absolu comme celui de l'humanité. Ce sont deux frères. — Vous pouvez ajouter aux conjectures des plus hasardeuses sur les intentions ultérieures des souverains alliés , celle qui leur attribue le dessein de se rendre, après le congrès, dans la capitale du monde chrétien, pour y faire visite au père commun des fidèles, et terminer les affaires de l'église d'Allemagne. Leur voyage à Paris est beaucoup plus vraisemblable. — Des paris sont ouverts, en Angleterre, à ces conditions : On paye dix guinées pour en recevoir cent, si, dans l'espace d'un an, il y a guerre entre la Grande - Bretagne et les Etats-Unis. La politique le veut, disent ceux qui parient pour : l'état des finances s'y oppose , répondent ceux qui parient contre. — L'Observateur autrichien contredit formellement tout ce qui a été publié, il y a quelques semaines, relativement à un attentat sur la vie du jeune duc de Reichstadt, et dit que ce n'est qu'*un impudent mensonge , fabriqué pour favoriser les vues d'un parti.* — Les journaux qui ont publié la note de la cour de Madrid , n'ont encore fait connaître aucune réponse. — On renouvelle en Belgique les bruits d'une cession à l'Angleterre de la partie méridionale du royaume des Pays-Bas , que l'évacuation laisserait sans défense contre les Français, dont le nom et les lois sont toujours chers aux habitans de ces provinces. — Depuis l'admission de M. de Bernstorff dans le ministère prussien , on assure que M. de Humboldt a demandé sa retraite, et on ajoute qu'il l'obtiendra. Les Prus-

siens ne peuvent juger encore ce qu'ils ont à
espérer de ce mouvement ministériel ; mais tout
annonce que la France a tout lieu de n'en rien
craindre au prochain congrès. — Personne, en Allemagne, n'a jamais ajouté foi à la déclaration des
cabinets, que la réunion des souverains n'aurait
aucun but diplomatique. Aussi, n'est-il pas de
petit prince qui n'ait déjà dirigé sur Aix-la-Chapelle son chargé d'affaires et ses espions. — A
côté du bruit ridicule que la noblesse de
France doit envoyer ses commissaires et ses
plaintes sur les traitemens qu'elle éprouve,
se place naturellement la nouvelle moins douteuse que le baron de Stein va réclamer pour
la noblesse allemande auprès des souverains.
— L'*Oracle* de Bruxelles contient un article assez
remarquable, en le comparant avec sa timidité
naturelle. « On assure, y est-il dit, qu'une lettre
de S. Exc. le secrétaire-d'état, en date du 11
juillet, adressée aux ministres et aux chefs des
administrations publiques, porte « qu'il ne sera
désormais adressé à S. M. d'autres projets d'ar-
rêts que ceux rédigés en hollandais, sauf à y
joindre, s'ils le jugent convenable, une traduc-
tion française » : ainsi, et même pour les provinces méridionales, ils doivent faire usage de
la langue hollandaise, qui, comme on sait, y
est à peu près inconnue. Jusqu'ici on avait
toujours pensé que le meilleur moyen de
se faire comprendre d'une nation était de s'ex-
primer dans son idiôme ; mais il parait qu'en
cela on s'est étrangement trompé ». J'ajouterai
à cette juste observation de l'*Oracle*, qu'une
pareille précaution (si c'en est une en effet),
supplée fort mal la ligne de troupes qui va se

indépendance ! Ainsi, quitte envers la patrie et le Roi, il aura mérité leur double reconnaissance, et la satisfaction qu'il éprouve, aujourd'hui, comme français, le dédommage du sacrifice qu'il eut à faire, il y a trois ans, comme ministre.

———